SOCIÉTÉ MÉDICALE DES ASILES D'ALIÉNÉS DE LA SEINE

Hôtel des Sociétés savantes (8, rue Danton)

PROJET DE RELÈVEMENT

DE

l'Indemnité des Médecins des Asiles de la Seine

Les modifications survenues depuis quelques années dans les conditions générales de l'existence, la multiplicité des exigences modernes, l'augmentation rapide du prix de la vie, en apportant dans la plupart des situations un trouble souvent considérable, devaient nécessairement faire naître pour chacun le besoin impérieux et le légitime désir de reconquérir, par des améliorations compensatrices, la situation qu'il possédait antérieurement. Ce mouvement économique et social, dont les effets récents se font sentir d'une manière plus aiguë dans les grands centres, ne pouvait manquer d'intéresser les deux vastes Administrations qui dépendent de la Ville de Paris et du département de la Seine. Aussi, désireuses d'assurer à leur personnel des situations correspondant aux services qu'elles sont en droit d'en exiger, les Assemblées municipale et départementale, ont-elles consenti, en faveur de ce personnel, tout une série d'avantages et de relèvement de traitement, dont le principe fut posé en 1909[1] et qui depuis se poursuivent méthodiquement. Appliquées d'abord aux services centraux des deux Administrations municipale et départementale, ainsi qu'à quelques-uns des agents extérieurs, ces réformes portent à l'heure actuelle sur la généralité de ceux-ci[2].

Il est toutefois une catégorie du personnel laissée jusqu'à présent en dehors de ce mouvement, ce sont les médecins des Asiles d'aliénés de la Seine.

[1] Voir Annexe C, page 12.
[2] Voir Annexe D, page 15.

Officiellement constitué pour la première fois par le décret du 21 mars 1858, le cadre des médecins des Asiles publics était déterminé de la manière suivante :

Directeurs	1re Classe	6.000 fr.
Directeurs médecins	2e —	5.000 »
Médecins en chef	3e —	4.000 »
	4e —	3.000 »

Ultérieurement un décret du 6 juin 1863 fixa la 1re classe à 7.000 francs, puis le décret du 4 février 1875 créa une classe exceptionnelle à 8.000 francs.

D'un autre côté ; le 27 décembre 1901, le Conseil général de la Seine porta de 600 à 2.000 fr. l'indemnité de résidence allouée aux médecins en chef de ses asiles[1]. Cette dernière mesure avait été prise, d'une part en considération des charges particulièrement onéreuses que comporte le séjour à Paris ou dans la banlieue, d'autre part à l'exemple de ce qui se faisait depuis longtemps déjà dans plusieurs départements.

Il convient de faire remarquer qu'en votant cette indemnité, distincte du traitement et qui ne compte pas pour la retraite, l'Assemblée départementale reconnaissait implicitement qu'elle n'avait nullement l'illusion de rendre aux médecins de ses asiles, la situation qu'ils avaient jadis.

Cette situation avait été clairement établie dans le rapport ministériel qui justifiait la constitution primitive du cadre de ces fonctionnaires. Il n'est pas sans intérêt d'en reproduire ici un passage :

Extrait du rapport du Ministre de l'Intérieur à l'Empereur (Bulletin du Ministère de l'Intérieur, 1858, p. 139).

« Les fonctions de directeur et de médecin des asiles « d'aliénés exigent non seulement des connaissances spé- « ciales, mais encore du courage et du dévouement. Comme « le champ de bataille, ce service a ses victimes ; la santé « s'y altère, les forces s'y usent vite ; quelquefois même, un « douloureux exemple l'a récemment prouvé, une fin san- « glante est la triste récompense de toute une vie d'études et « d'abnégation....

« D'un autre côté, dans l'intérêt des malades et des dépar- « tements eux-mêmes, il importe d'ouvrir cette carrière à « des hommes d'un mérite réel.

« J'ajoute que les règlements interdisent d'une manière

[1] Annexe A page 8.

« absolue, aux médecins des asiles, toute clientèle exté-
« rieure.

« Il est donc indispensable de leur assurer un traitement
« en rapport avec leur situation, une carrière honorable,
« une retraite qui mette leurs vieux jours à l'abri du be-
« soin .. »

Les traitements fixés par le décret du 21 mars 1858 étaient
donc considérés à cette époque comme répondant aux vues
exposées dans ce rapport. Et pour bien déterminer la place
qui devait être occupée par les directeurs et les médecins
des asiles publics d'aliénés, leurs traitements avaient été éta-
blis en concordance avec ceux des chefs de bureau du Ministère de l'Intérieur. Pour ceux-ci comme pour ceux-là à la
plus haute classe correspondait un traitement identique.
Mais alors que, par une progression rationnelle, en rapport
avec les exigences croissantes de la vie et du séjour dans
les grandes villes, le traitement maximum des chefs de bureau du Ministère de l'Intérieur et de la Préfecture de la
Seine était successivement porté à 11.000 fr. (arrêté réglementaire du 8 juillet 1896, en ce qui concerne les fonctionnaires de la Préfecture) et 12.000 fr. (décret du 22 février
1907 [1] et délibération du Conseil municipal du 12 juillet
1909 [2]), celui des médecins en chef des asiles restait immua-
blement fixé, depuis 1875, à 8.000 fr. Or, tandis qu'un fonc-
tionnaire purement administratif a toujours l'espoir d'ac-
céder à un grade ou à une fonction plus élevés et mieux
rétribués, le médecin, lui, quelle que soit son ancienneté
dans la carrière, quelles que soient la valeur et l'utilité de
ses travaux personnels, doit perdre tout espoir de sortir du
cadre étroit qui lui est spécial.

Si l'on voulait établir un parallèle entre ces deux situations
mises à l'origine sur le même pied, on voit donc qu'il serait
tout à la défaveur des médecins des asiles. Il n'y a pas lieu
d'insister. Ajoutons cependant que dans cette hypothétique
comparaison, il ne conviendrait pas de faire état des avantages en nature dont les médecins pouvaient jadis bénéficier.
Car, d'une part la séparation des fonctions de directeur-
médecin, d'autre part une série de circulaires plusieurs fois
renouvelées, [3] ont, dans la Seine tout au moins, réduit à rien
ces avantages. Le seul qui soit encore conservé, le loge-
ment dans l'établissement, conséquence d'une obligation

[1] V. Annexe E. page 17.
[2] V. Annexe C. page 12.
[3] V. Annexe B. page 10.

légitime et réglementaire, se trouve manifestement compensé par les inconvénients multiples qu'il comporte (résidence imposée dans un milieu privé de toutes ressources, isolement forcé loin de toutes relations, nécessité de déplacements toujours coûteux, difficulté de pourvoir à l'instruction des enfants, sans parler de ce que peut avoir parfois de pénible une vie de surveillance continuelle et mesquine dans l'intérieur d'un asile.)

Ainsi, pour apprécier exactement la situation des médecins des asiles de la Seine, on doit tenir compte uniquement de celle qui leur a été attribuée par le décret du 4 février 1875, avec l'amélioration apportée par la délibération du Conseil général du 27 décembre 1901.

Sans doute, il existe dans un dernier décret (2 février 1910) un paragraphe portant à 9.000 francs la classe exceptionnelle des directeurs et des médecins en chef ; mais l'élévation à cette classe n'est accordée par le ministre qu'après quinze années de service dans le grade de médecin en chef, c'est-à-dire, pour la majorité d'entre nous, à l'âge moyen de 53 ans. En outre, ce maximum à atteindre reste très aléatoire, et il ne constitue pas un droit, soumis qu'il est à certaines considérations personnelles peu faciles à déterminer [1]. Aussi, cette modification récente, apparaît-elle comme destinée à rester, pour la plupart du moins d'entre nous, purement illusoire et platonique, alors qu'ont été accordées à tout le personnel de l'Administration Centrale des satisfactions réelles et immédiates, pleinement justifiées du reste par les exigences plus grandes de la vie.

Or, depuis 1875, date où avait été promulgué le décret fixant réellement en fait le maximum du traitement des médecins en chef, de profondes modifications sont intervenues dans le recrutement du corps médical des asiles, et en particulier dans celui de la Seine. Au médecin-directeur, nommé par simple décision administrative, ont succédé, d'une part, des directeurs administratifs, toujours uniquement choisis par le ministre ; d'autre part, des médecins nommés après l'épreuve d'un concours technique, devenu rapidement plus difficile d'année en année. Enfin, tout récemment, désireux de compléter l'œuvre ébauchée en 1901, le Conseil général de la Seine a affirmé à plusieurs reprises la volonté, malgré des attaques violentes et souvent renouvelées, de posséder

[1] Voir annexe F, p. 20.

pour ses asiles un corps médical spécialement recruté par un nouveau concours. Il apparaît ainsi que le Conseil, tenant compte de l'importance et de l'activité de ses établissements d'aliénés, vaste champ d'expérience toujours ouvert aux méthodes nouvelles d'assistance et de traitement, jugeait nécessaire la constitution d'un groupe particulier, spécial aux asiles de la Seine, de fonctionnaires techniques départementaux.

Mais si tous les techniciens de la Ville de Paris, comme aussi ceux des autres grandes capitales, ont actuellement des traitements en rapport avec la grandeur de la Ville qui les emploie, et les services que l'on est en droit d'attendre d'eux ; si récemment encore des mesures ont été prises par le conseil municipal [1] ou viennent de lui être proposées [2] pour améliorer dans de notables proportions la situation de ces fonctionnair... notamment ingénieurs, ingénieurs adjoints, architectes... te...), il n'en est pas de même pour les médecins des a... es, on vient de le voir par ce qui précède.

Par ailleurs les conditions de vie imposées à ceux-ci les mettent encore en état d'infériorité vis-à-vis des autres techniciens de la Ville de Paris, et même vis-à-vis de leurs collègues de province. Par suite de leur nombre relativement élevé, la majorité d'entre eux ne sauraient bénéficier de l'appoint que fournit presque toujours la médecine légale psychiatrique à l'aliéniste de province, unique dans son département et parfois dans sa région. L'éloignement et l'isolement où se trouvent la majorité des asiles de la Seine constituent pour la presque unanimité un obstacle à l'exercice d'une clientèle spéciale, seule réglementairement possible. Si toutefois quelques-uns ont acquis, souvent après de longues années, une notoriété incontestable, ils la doivent à leurs travaux et à leurs mérites personnels ; et nul n'a jamais pensé qu'il fallait envier à tels ou tels administrateurs éminents, à tels ou tels techniciens de valeur, les avantages qu'ils savaient tirer de leurs connaissances spéciales ou de leurs talents particuliers.

Il est encore un côté défavorable de la situation des médecins des asiles de la Seine sur lequel il importe d'attirer l'attention, c'est celui relatif à la constitution des retraites.

Alors que tous les autres fonctionnaires peuvent débuter dans la carrière à l'âge de 20 ou 25 ans, quelquefois même

[1] V. Annexe C, page 13.
[2] V. Annexe D, page 15.

avant, les médecins, astreints à des études générales et
spéciales longues et dispendieuses, n'acquièrent guère que
vers 30 ans le grade de médecin-adjoint, et par suite com-
mencent seulement à cet âge leurs versements pour la
Caisse des retraites. Ce n'est donc pas avant l'âge de 60 ans
qu'ils auront accompli le temps minimum exigé pour le droit
à la retraite, et rarement, les faits récents le prouvent, ils
pourront vivre assez longtemps pour acquérir ce droit. Mais
cette retraite elle-même, en supposant qu'ils y parviennent,
est établie sur le traitement maximum de 8.000 fr. l'indemnité de résidence allouée par le Département n'entre pas en
effet en ligne de compte dans ce calcul. Or il est bien certain
qu'une semblable retraite, qui, dans ces conditions atteindra
4.400 fr., permettra difficilement à un médecin âgé d'au
moins 60 ans de vivre et de faire vivre sa famille. Il est non
moins certain qu'il ne doit guère espérer, pendant tout le
temps de sa carrière, faire œuvre appréciable de prévoyance,
quand sur ses traitements successifs, diminués des retenues
réglementaires de 5,5 %, il aura prélevé le nécessaire à l'en-
tretien de sa famille et à l'éducation de ses enfants. Mais que
dire de la situation faite à sa veuve ? En prenant même le
cas le plus favorable où la retraite intégrale aurait été
acquise, c'est tout au plus une somme de 1.150 fr. qui lui
serait allouée. Et si l'on envisage le cas le plus fréquent où
le médecin meurt avant l'âge de la retraite, c'est pour la
veuve une situation des plus précaires, et la perspective
d'un secours bien faible qu'elle ne devra qu'à la seule géné-
rosité du Conseil Général. Il n'est pas besoin d'insister,
chacun ayant conservé présent à la mémoire, un exemple
encore récent de cette situation pénible.

Sans doute il ne dépend pas d'une délibération du Conseil
général ni d'un arrêté préfectoral d'apporter directement
une modification au cadre des médecins de la Seine, puisque
bien que payés sur les fonds départementaux, leurs traitements sont fixés par le ministre.

Mais, considérant que le traitement de début d'un médecin
en chef, même en tenant compte de l'indemnité supplémentaire de 2.000 fr. ne correspond pas au traitement prévu d'un
géomètre de 1re classe (7.200 fr.)[1], il apparaît que, complé-
tant la mesure prise en 1901, le Conseil général pourrait,
en élevant de 2.000 à 3.000 fr. l'indemnité de résidence allouée

---

[1] Voir Annexe I, page 17.

aux médecins en chef des asiles de la Seine, et de 1,000 à 1.500 fr. celle de l'unique médecin-adjoint, rendre leur situation plus équitable, plus en rapport avec les nécessités de l'existence moderne, et avec les situations actuellement consenties aux autres fonctionnaires techniques de la Ville de Paris et du Département de la Seine.

La dépense supplémentaire qu'entraînerait cette mesure serait d'ailleurs peu élevée, puisque pour l'ensemble des 22 médecins des asiles de la Seine, elle n'atteindrait que la somme de 21.500 fr.

ANNEXES

ANNEXE A

DÉLIBÉRATION DU CONSEIL GÉNÉRAL

Bulletin municipal officiel du vendredi 27 décembre 1901.

M. Paul BROUSSE, rapporteur. — Une question touchant au corps médical de nos asiles, à ce corps composé de médecins aussi distingués que dévoués, se présente qui réclame une solution.

Si l'on compare les traitements maxima des chefs de bureau et des médecins en chef de nos services en 1858 et en 1901, on voit que ces traitements étaient égaux en 1858.

Les traitements des médecins, étant fixés par décret, sont demeurés les mêmes qu'en 1858, sauf la création d'une classe exceptionnelle.

Ceux des chefs de bureaux, fixés par nous, Messieurs, ont été élevés au niveau des nécessités de l'existence moderne.

Aussi en 1901, tandis que le traitement maximum des chefs de bureau s'élève à 11.000 francs [1], avec 2.500 francs d'indemnité, nos médecins reçoivent 8.000 francs avec 600 francs à titre de frais de déplacement.

Cela est-il juste, alors que toute clientèle est interdite légalement aux médecins de nos asiles ?

La Commission mixte créée par M. le Préfet de la Seine ne l'avait pas pensé. Et on avait émis l'idée de l'assimilation des traitements des médecins en chef et des chefs de bureau.

Cela eût fait une augmentation de 4.000 francs par unité, soit un crédit très élevé, trop élevé pour le présenter au Conseil général.

Cependant si l'on songe que dans toutes les grandes administrations publiques les fonctionnaires appelés dans les grandes villes jouissent d'une indemnité de résidence ; ainsi :

les directrices de l'Enseignement, 2.000 francs ;

les colonels et lieutenant-colonels, environ 1.700 francs,

je n'ai pas sous les yeux le chiffre pour le service des Ponts et Chaussées, — on a le droit de penser qu'il est au moins équitable d'accorder une faveur analogue à nos médecins en chef. La question ne se discute plus, dès qu'on est averti que les assemblées départementales ont alloué à leurs confrères de province ces indemnités de résidence :

Armentières (Nord)	1 200 fr.
Bailleul (Nord).	1.200 fr.
Aix (Bouches-du-Rhône)	1.000 fr.
Bordeaux (Gironde)	1.000 fr.
Marseille (Bouches-du-Rhône) . .	1.200 fr.

etc., etc.

[1] Actuellement c'est 12.000 qu'il faudrait dire.

Les traitements étant uniformes dans tout le cadre des médecins des asiles, nos médecins de la Seine sont donc dans une situation inférieure à leurs collègues de province. Je vous demande pour ces motifs d'élever de 600 à 2.000 francs leur indemnité.

C'est un crédit de 35.000 fr. en faisant profiter du même avantage les directeurs.

Je prie donc le Conseil d'adopter le projet de délibération suivant :

« Le Conseil Général,

« Vu les budgets particuliers des asiles de la Seine, où il est alloué aux médecins en chef une allocation annuelle à titre d'indemnité de déplacement ;

« Vu, aussi, les budgets des Colonies familiales, qui comprennent aussi pour les médecins une indemnité annuelle de 1.000 fr. ;

« Considérant que cette indemnité est manifestement inférieure à celles allouées par les assemblées départementales, notamment dans les Bouches-du-Rhône, le Nord, la Gironde, etc.

« Considérant que dans la plupart des grandes administrations publiques, les fonctionnaires en résidence dans la Seine bénéficient d'indemnités spéciales, qui viennent s'ajouter aux traitements, pour couvrir les frais d'existence toujours plus élevés dans les grandes villes, ou dans leur voisinage, que dans les localités plus modestes :

« Qu'il est équitable d'assurer aux médecins de nos asiles une situation analogue, en récompense des bons services rendus par eux aux malades du département ;

« Sur le rapport fait au nom de sa 3ᵉ Commission ;

« Délibère,

Article premier. — L'indemnité annuelle de 600 francs attribuée aux médecins et aux directeurs de nos asiles, est portée à 2.000 francs. Elle sera allouée à titre d'indemnité de résidence aux médecins et directeurs des asiles proprement dits, et à titre d'indemnité de déplacement aux médecins en chef de nos colonies familiales.

Article 2. — Les crédits nécessaires à porter ainsi à 2.000 francs les indemnités fixées actuellement à 600 francs et 1.000 francs seront inscrits dans les budgets additionnels de 1902 de chaque établissement, et aux budgets ordinaires pour les années suivantes. »

Ce projet de délibération est adopté.

ANNEXE B

DIRECTION
des
Affaires départementales

Service des aliénés

1ᵉʳ BUREAU

Administration des Asiles

RÉPUBLIQUE FRANÇAISE

LIBERTÉ — ÉGALITÉ — FRATERNITÉ

PRÉFECTURE DE LA SEINE

Paris, le 29 juillet 1909

*Le Sénateur, Préfet de la Seine,
à Monsieur le Directeur de l'asile de...*

J'ai l'honneur de vous transmettre la circulaire ci-jointe relative aux achats effectués par les employés, agents et ouvriers de la Préfecture de la Seine, chez les fournisseurs de l'Administration et dans les établissements municipaux et départementaux.

Je vous prie en m'accusant réception de cette circulaire, de me faire connaître les observations que vous pouvez avoir à présenter.

*Pour le Préfet de la Seine,
Le Chef du Service des Aliénés,*
Signé : RAIGA.

PRÉFECTURE DE LA SEINE

Note à MM. les Directeurs et chefs de service.

Aux termes de la note pour MM. les Directeurs et chefs de service, en date du 11 novembre 1905, il avait été stipulé ce qui suit :

« Des incidents regrettables se sont produits à différentes reprises, au sujet de travaux exécutés par des établissements relevant de la Préfecture, aux frais et pour le compte personnel d'employés de l'administration.

« Bien qu'il ne soit pas possible d'édicter une interdiction absolue à cet égard, sans léser gravement les intérêts de certains établissements, comme les écoles professionnelles, par exemple, il n'en est pas moins nécessaire de prévenir les abus auxquels pourrait conduire une complète liberté d'action.

« MM. les Directeurs et Chefs de service sont priés, en conséquence, de vouloir bien faire connaître aux agents placés sous leurs ordres :

1° Qu'ils ne doivent en aucun cas employer pour leur compte personnel des employés de l'Administration.

2° Qu'il leur est défendu d'acheter, même aux enchères publiques, des objets réformés, meubles, métaux et matériaux appartenant soit à la ville de Paris, soit au département de la Seine.

3° Qu'il est interdit aux Directeurs des établissements municipaux ou départementaux de faire exécuter des travaux pour le compte de membres du personnel de la Préfecture de la Seine, ou de vendre à ces derniers des objets fabriqués ou confectionnés dans lesdits établissements autrement qu'aux conditions de tarifs généraux dûment approuvés par le Préfet, et sans qu'aucune modération puisse y être apportée. »

Le Préfet de la Seine rappelle à MM. les Directeurs et Chefs de service, les recommandations contenues dans cette note, et croit devoir la compléter par une disposition nouvelle *interdisant aux agents et ouvriers, à moins d'autorisation spéciale, de s'adresser pour leurs besoins personnels aux entrepreneurs et fournisseurs de la Ville de Paris et du Département de la Seine.*

Paris, le 5 avril 1909.

Le Préfet de la Seine,

Signé : J. DE SELVES.

Circulaire du 5 avril 1909.

Le Sénateur, Préfet de la Seine,

à Monsieur le Directeur de l'Asile de...

Le 29 juillet dernier, il vous a été adressé, ainsi qu'à vos collègues, MM. les Directeurs des Asiles, copie d'une note en date du 5 avril 1909, rappelant aux employés et agents de l'Administration qu'il leur est interdit : 1° D'employer pour leur compte personnel des employés de l'Administration ; 2° D'acheter des objets réformés, meubles, métaux et matériaux appartenant à la Ville de Paris ou au Département de la Seine ; 3° D'acheter des objets fabriqués ou confectionnés dans les établissements municipaux et départementaux, autrement qu'aux conditions de tarifs généraux dûment approuvés par mon administration.

Cette note spécifiait en outre qu'il était interdit désormais aux employés ou agents, sauf autorisation spéciale, de s'adresser pour leurs besoins personnels aux entrepreneurs et fournisseurs de la Ville de Paris et du Département de la Seine.

Les réponses qui me sont parvenues à ce sujet sont pour la plupart incomplètes ou évasives. Il ne suffit pas que mes instructions soient notifiées par vos soins au personnel des asiles et il vous appartient encore de veiller à leur exécution.

Je vous prie de me faire connaître si les instructions contenues dans ma note du 5 avril sont ponctuellement observées par le personnel de votre établissement. Je désire savoir notamment si les chefs de service, employés et agents de votre asile ne font jamais appel, pour leur service personnel, aux agents et ouvriers de l'établissement. Vous voudrez bien me faire connaître en outre s'ils ont cessé d'user de la faculté qui leur avait été laissée jusqu'à ce jour d'acheter, chez les adjudicataires, aux prix de l'adjudication, les fournitures nécessaires à leur usage particulier.

Si des observations sont formulées par les intéressés au sujet de ces prescriptions, vous aurez à m'en tenir informé en y joignant votre avis motivé.

Le Préfet de la Seine.

Pour le Préfet de la Seine et par autorisation,
Le Directeur des affaires départementales :

Signé : MAGNY.

ANNEXE C

DÉLIBÉRATIONS DU CONSEIL MUNICIPAL

Séance du 12 juillet 1907. Délibération n° 33. *Résolution relative au règlement du personnel intérieur de la Préfecture de la Seine. Rapporteur* M. CHARLES TANTET.

La dépense supplémentaire correspondante est évaluée à la somme de 400.000 francs, « qui n'a véritablement rien d'excessif », dit M. Ch. Tantet.

Voici d'ailleurs cette délibération :

« Le Conseil,

» Considérant le mémoire de M. le Sénateur, Préfet de la Seine, en date du 8 mars 1909, relatif à l'assimilation au point de vue des traitements du personnel de la Préfecture de la Seine (service intérieur), au personnel du Ministère de l'Intérieur,

« Délibère,

Article premier. — Est approuvée en principe l'assimilation du personnel intérieur de la Préfecture de la Seine (cadre des rédacteurs, rédacteurs principaux, sous-chefs et chefs de bureau), au personnel administratif du Ministère de l'Intérieur, dont la situation a été réglée par le décret du 22 février 1907.

Art. 2. — L'administration est invitée à réaliser cette assimilation, soit intégralement, soit par étapes, dans la mesure des disponibilités budgétaires à partir de l'exercice 1910. »

Le décret du 22 février 1907, auquel il est fait ici allusion figure à l'annexe F.

Séance du 15 juillet 1909. Délibération n° 63. *Relèvement des traitements des ingénieurs en chefs adjoints, des ingénieurs et assimilés. Rapporteur*, M. LEMARCHAND.

« Le Conseil,

« Vu le mémoire, en date du 26 juin 1903, par lequel M. le Préfet de la Seine lui propose de relever les tarifs d'émoluments des ingénieurs en chefs adjoints, des ingénieurs et assimilés,

« Délibère,

Article premier. — Les émoluments des ingénieurs en chefs adjoints, ingénieurs et assimilés, seront fixés comme suit:

Ingénieurs en chefs adjoints :

1" classe.	15 000 fr.
2° classe	14.000 fr.

Ingénieurs et assimilés :

Classe exceptionnelle.	13.000 fr.
1" classe.	12.000 fr.
2° classe.	11.000 fr.
3° classe.	10.000 fr.
4° classe.	9 000 fr.

Art. 2. — Le stage minimum de chaque classe sera de 3 ans.

Art. 3. — Les ingénieurs ordinaires des Ponts-et-Chaussées qui seront détachés au service de la Ville de Paris, débuteront à la quatrième classe municipale. Toutefois, le stage dans chaque classe pourra être réduit à deux ans, et même à un an, en faveur de ceux qui auront une classe supérieure aux Ponts-et-Chaussées par rapport à la classe de début à la Ville de Paris, suivant le zèle et la valeur personnelle de l'intéressé. »

Séance du 12 juillet 1909 : délibération n° 20. *Amélioration de traitements en faveur du personnel de la Préfecture de police. Rapporteur :* M. L. ACHILLE.

Majoration annuelle des dépenses résultant de l'amélioration des traitements :

1° en faveur de la police municipale.	1.000.200 fr.
2° en faveur de la direction générale des recherches	192 670 fr.
3° en faveur des Commissaires de police.	50.100 fr.

Séance du 13 juillet 1909 : délibération n° 1. *Observation à propos du procès-verbal.* M. L. ACHILLE.

Amélioration des traitements en faveur du personnel central de la Préfecture de police.

Majoration annuelle des dépenses : 84.000 francs.

Soit au total pour le relèvement des traitements du personnel de la Préfecture de police une augmentation annuelle des dépenses de 1.326.970 francs.

D'autres avantages étaient en outre accordés ou proposés par le Conseil ; tels que l'allocation d'une indemnité de loyer et de frais fixes à certains fonctionnaires, et aussi la possibilité d'un avancement de classe tous les deux ans, ainsi que cela se pratique pour le personnel de la Préfecture de la Seine.

Séance du 12 juillet 1909. Délibération n° 28 : *Amélioration de la situation du personnel des divers services de la Préfecture de la Seine. Rapporteur :* M. LEMARCHAND.

Majoration annuelle des dépenses : 1.137.000.

Nous laissons de côté une série de mesures entraînant des dépenses relativement minimes ou non immédiatement chiffrables.

Séance du 12 juillet 1909. Délibération n° 31. *Relèvement des salaires du personnel de l'octroi. Rapporteur :* M. Joseph DENAIS.

Majoration annuelle des dépenses résultant du relèvement de différents salaires :

1° en faveur du personnel du service actif de l'octroi.   856.450 fr.
Dépense supplémentaire résultant de l'augmentation du taux des versements à la Caisse des retraites (minimum provisoire). . . . .   20.000 fr.
2° en faveur des sous-ordres de l'octroi.. . . . . . .   3.800 fr.

Soit au total 880.250 francs de dépenses annuelles supplémentaires.

Un certain nombre d'autres améliorations étaient projetées pour 1910.

Séance du 12 juillet 1909. Délibération n° 32. *Ouverture d'un crédit de 30.000 fr. pour l'amélioration du traitement des expéditionnaires de la Préfecture de la Seine.* Rapporteur : M. Paul VIROT.

Séance du 21 juillet 1909. Délibération n° 5. — *Fixation de la date d'application des délibérations relatives à diverses catégories de personnel (Préfecture de police, Préfecture de la Seine, Octroi, etc.).*

M. DAUSSET, rapporteur général du budget. — « Messieurs, dans une des dernières séances, le Conseil a voté une série d'améliorations concernant diverses catégories du personnel, police, octroi, personnel municipal, etc. Afin qu'il n'y ait pas de malentendus et étant donné l'état du budget, je vous demande, d'accord avec les deux rapporteurs, de décider que tous les relèvements partiront uniformément, pour toutes les catégories, du 31 décembre 1909. »

M. L. Achille. — « Nous sommes complètement d'accord. »

M. le Président. — « Il n'y a pas d'opposition ? »

Adopté.

Annexe D.

Extrait du Rapport au nom de la Commission du personnel sur les mémoires introduits par M. le Préfet de la Seine, concernant les personnels technique, extérieur.

Présenté par M. G. Lemarchand, conseiller municipal

Messieurs,

Dans ses séances des 6 et 28 juillet, la Commission du personnel a adopté, en principe, une série de mesures concernant les personnel technique et extérieur, qui lui ont été soumises par le Conseil et par mémoires préfectoraux, ce sont ces diverses propositions que nous avons l'honneur de vous présenter sous forme de projets de délibération expliqués par un bref commentaire.

Préalablement à cet exposé de détail, nous devons vous signaler que votre Commission du personnel a décidé de vous proposer de réaliser, *pour toutes les catégories*, les améliorations en deux étapes : 1911 et 1912.

Suivent la nomenclature et les commentaires relatifs à chacune des catégories du personnel. Nous ne donnerons ici que la récapitulation des suppléments annuels de dépenses entraînées par ces mesures.

Année 1911

Sous-ingénieurs et conducteurs.	115.300 fr.
Géomètres, géomètres-adjoints.	22.800 fr.
Piqueurs et aides-géomètres	225.100 fr.
Architectes, inspecteurs et sous-inspecteurs.	17.250 fr.
Reviseurs du service d'architecture	3.000 fr.
Vérificateurs du service d'architecture	1.700 fr.
Reviseurs de mémoires.	2.000 fr.
Commis-comptables	1.800 fr.
Inspecteurs, sous-inspecteurs et vérificateurs des halles et marchés	6.150 fr.
Préposés aux perceptions municipales	12.750 fr.
Peseurs des perceptions municipales	9.650 fr.
Conservateurs, receveurs et expéditionnaires des cimetières.	8.800 fr.
Chefs et sous-chefs d'exploitation des Pompes funèbres	6.000 fr.
Total pour 1911.	415.300 fr.

Année 1912

Sous-ingénieurs et conducteurs.	115.300 fr.
Géomètres et géomètres-adjoints.	22.800 fr.
Piqueurs et aides-géomètres	107.250 fr.
Architectes, inspecteurs et sous-inspecteurs.	17.250 fr.
Reviseurs du service d'architecture.	3.000 fr.
Vérificateurs du service d'architecture	1.400 fr.
Reviseurs et vérificateurs de mémoire du service d'architecture	2.000 fr.
Commis-comptables	1.800 fr.
Commis des services techniques et intérieurs . . .	12.900 fr.
Inspecteurs, sous-inspecteurs et vérificateurs des halles et marchés.	6.150 fr.
Préposés aux perceptions municipales	12.750 fr.
Peseurs des perceptions municipales.	8.250 fr.
Conservateurs, receveurs et expéditionnaires des cimetières.	8.800 fr.
Chefs et sous-chefs d'exploitation des Pompes funèbres	6.100 fr.
Total pour 1912.	325.750 fr.

Récapitulation générale

Année 1911.	445.300 fr.
Année 1912.	325.750 fr.
Total pour les 2 années.	771.050 fr.

Paris, le 23 septembre 1910.

Le rapporteur,

G. LEMARCHAND.

Nous donnons encore ici, pour mieux préciser la portée de ces mesures, les trois premiers projets de délibération.

Premier projet de délibération

Le Conseil,

Vu le rapport de M. Lemarchand, au nom de la Commission du personnel (Imp. n° 76 de 1910).

Délibère :

Les améliorations à consentir au personnel technique et extérieur, résultant du présent rapport (n° 76 de 1910), seront réalisées en 2 annuités. Les dépenses correspondantes seront inscrites aux budgets de 1911 et 1912.

Deuxième projet de délibération

Le Conseil,

Vu le mémoire en date du 29 janvier 1910 (n° 1137 de 1910), par lequel M. le préfet de la Seine lui propose le relèvement des tarifs de traitements de sous-ingénieurs, conducteurs principaux, conducteurs,

Sur les rapports de M. Lemarchand, au nom de la Commission du personnel (n°⁵ 125 de 1909 et 76 de 1910),

Délibère :

ARTICLE PREMIER. — Le tarif des traitements des sous-ingénieurs, conducteurs principaux, conducteurs, sera fixé comme suit au 1ᵉʳ janvier 1912 :

Sous-ingénieurs de 1ʳᵉ classe exceptionnelle	9.000 fr.
— 2ᵉ — —	8.000 fr.
— 1ʳᵉ —	7.200 fr.
— 2ᵉ —	6.600 fr.
Conducteurs principaux	6.000 fr.
Conducteurs de 1ʳᵉ classe	5.500 fr.
— 2ᵉ —	5.000 fr.
— 3ᵉ —	4.500 fr.
— 4ᵉ —	4.000 fr.
— 5ᵉ —	3.500 fr.

Troisième projet de délibération

Le Conseil,

Vu le mémoire, etc., etc.

Délibère :

ARTICLE PREMIER. — Le tarif des traitements du géomètre en chef, des géomètres principaux, des géomètres et des géomètres adjoints, sera fixé comme suit au 1ᵉʳ janvier 1912 :

Géomètre en chef de classe exceptionnelle.	12.000 fr.
— — unique	11.000 fr.
Géomètres principaux de classe unique.	10.000 fr.
— de 1ʳᵉ classe exceptionnelle	9.000 fr.
— 2ᵉ —	8.000 fr.
— 1ʳᵉ classe.	7.200 fr.
— 2ᵉ —	6.600 fr.
— 3ᵉ —	6.000 fr.
Géomètres adjoints de 1ʳᵉ classe	5.500 fr.
— 2ᵉ —	5.000 fr.
— 3ᵉ —	4.500 fr.
— 4ᵉ —	4.000 fr.
— 5ᵉ —	3.500 fr.

ANNEXE E

Ministère de l'Intérieur

Le Président de la République française,

Sur le rapport du Président du Conseil, Ministre de l'Intérieur, et du Ministre des Finances,

Vu les lois de finances des 29 décembre 1882, article 16 ; 13 avril 1900, article 35 ; 15 février 1901, article 55 ; 30 mars 1902, article 79 ; 31 mars 1903, article 75 ; 30 décembre 1903, article 20, et 22 avril 1905, article 43 ;

Vu la loi du 29 décembre 1906 ;

Vu les décrets relatifs à l'organisation de l'administration centrale des 15 juillet 1897, 7 juillet et 21 décembre 1899, 2 février 1900, 18 juin 1903, 14 août et 26 octobre 1906,

Le Conseil d'État entendu,

Décrète :

Article premier — Les cadres du personnel de l'administration centrale du Ministère de l'Intérieur comprennent :

6 emplois de directeur ;

1 emploi de chef de service des affaires algériennes ;

20 emplois de chefs de bureau ;

2 emplois d'agents spéciaux ;

26 emplois de sous-chefs de bureau ;

80 emplois de rédacteurs ;

50 emplois de comptables, commis d'ordres et dessinateurs ;

57 emplois d'expéditionnaires;

12 emplois de dames dactylographes ;

87 emplois de préposés et d'agents du service intérieur (gens de service).

Art. 2. — Les traitements et les classes du personnel de l'administration centrale sont fixés ainsi qu'il suit :

Directeur. . . . . 20.000 fr.
Chef de service. . . . ., ... 12.000 fr.

Chefs de bureau :

Classe exceptionnelle. . . . . 12.000 fr.
1" classe. . . . . 11.000 fr.
2' classe . . . . 10.000 fr.
3' classe. . . . . 9.000 fr.
4' classe . . . . 8 000 fr.
Agents spéciaux de 5.000 à 8.000 fr. par augmentation de 500 fr.

Sous-chefs de bureau :

Classe exceptionnelle. . . . . 8.000 fr.
1" classe . . . . 7.200 fr.
2' classe . . . . 6.600 fr.
3' classe . . . . 6 000 fr.

Rédacteurs principaux :

Classe exceptionnelle. . . . . 6.000 fr.
1" classe . . . . 5.500 fr.
2' classe . . . . 5.000 fr.
3' classe . . . . 4.500 fr.

Rédacteurs :

1re classe	4.000 fr.
2e classe	3 500 fr.
3e classe	3.000 fr.
4e classe	2.500 fr.

Comptables principaux, commis d'ordre principaux,
dessinateurs principaux :

Classe exceptionnelle	4.800 fr.
1re classe	4.400 fr.
2e classe	4 000 fr.
3e classe	3.600 fr.

Comptables, commis d'ordre et dessinateurs :

1re classe	3.200 fr.
2e classe	2.800 fr.
3e classe	2.400 fr.
4e classe	2.000 fr.

Expéditionnaires :

1re classe	4 000 fr.
2e classe	3.600 fr.
3e classe	3.200 fr.
4e classe	2.800 fr.
5e classe	2.400 fr.
6e classe	2.000 fr.

Dames dactylographes :

1re classe	3.000 fr.
2e classe	2.600 fr.
3e classe	2.200 fr.
4e classe	1.800 fr.

Les rédacteurs stagiaires et les expéditionnaires stagiaires reçoivent pendant la durée du stage, une indemnité annuelle non sujette à retenue pour le service des pensions civiles et fixée à 1.800 francs.

Préposés du service intérieur de 2.200 à 3.000 francs par avancements de 200 fr.

Agents du service intérieur :

Huissiers de	1.800 à 2.500 fr.
Gens de service de	1.500 à 2.500 fr.

par avancements de 100 fr.

Art. 3. — Sont et demeurent abrogées les dispositions contraires au présent décret.

Art. 4. — Le Président du Conseil, Ministre de l'Intérieur, et le Ministre des Finances sont chargés, chacun en ce qui le concerne, de l'exécution du présent décret, qui sera publié au *Journal Officiel* et inséré au *Bulletin des lois*.

Fait à Paris le 22 février 1907.

A. FALLIÈRES.

Par le Président de la République,

Le Président du Conseil, Ministre de l'Intérieur,

G. CLEMENCEAU.

Le Ministre des Finances,

J. CAILLAUX.

Le lendemain un nouveau décret était signé constituant un véritable statut du personnel de l'Administration centrale du Ministère de l'Intérieur, réglementant les conditions de recrutement, d'avancement, de permutation, etc., de ce personnel.

Il serait sans intérêt de le reproduire ici.

ANNEXE F

Décret du 2 Février 1910

Art. 14. — Les classes et traitements des directeurs-médecins, médecins en chef, et médecins-adjoints des asiles publics d'aliénés sont fixés ainsi qu'il suit :

Directeurs-médecins et médecins en chef :

Classe exceptionnelle.	9.000
1ᵉ classe	8.000
2ᵉ —	7.000
3ᵉ —	6.000
4ᵉ —	5.000

Art. 15. — Les avancements de classe, sous réserve des dispositions de l'art. 17, sont accordés par le ministre aux directeurs-médecins et médecins en chef après 3 ans, et aux médecins-adjoints après 2 ans d'exercice dans la classe inférieure.

La période de 3 ans exigée pour les directeurs-médecins et médecins en chef peut être réduite à 2 ans par le ministre sur la proposition du Directeur de l'Assistance et de l'hygiène publiques et sur l'avis conforme de la Commission instituée à l'art. 18, en raison de services et titres exceptionnels d'ordre médical, scientifique ou administratif.

Les directeurs-médecins et médecins en chef ne peuvent être promus à la classe exceptionnelle qu'après 15 ans de services dans le grade et dans les formes définies au paragraphe précédent.

CAHORS, IMPRIMERIE A. COUESLANT. — 13.723